T0243300

LOS MISTERIOS
DEL INCIENSO
A LA LUZ DE LA CÁBALA

JULI PERADEJORDI

LOS MISTERIOS
DEL INCIENSO
A LA LUZ DE LA CÁBALA

EDICIONES OBELISCO

Si este libro le ha interesado y desea que le mantengamos informado de nuestras
publicaciones, escríbanos indicándonos qué temas son de su interés
(Astrología, Autoayuda, Psicología, Artes Marciales, Naturismo,
Espiritualidad, Tradición…) y gustosamente le complaceremos.

Puede consultar nuestro catálogo en www.edicionesobelisco.com

Colección Estudios y Documentos
LOS MISTERIOS DEL INCIENSO A LA LUZ DE LA CÁBALA
Juli Peradejordi

1.ª edición: julio de 2022

Maquetación: *Carol Briceño*
Diseño de cubierta: *Carol Briceño*

© 2022, Ediciones Obelisco, S. L.
(Reservados los derechos para la presente edición)

Edita: Ediciones Obelisco, S. L.
Collita, 23-25. Pol. Ind. Molí de la Bastida
08191 Rubí - Barcelona - España
Tel. 93 309 85 25
E-mail: info@edicionesobelisco.com

ISBN: 978-84-9111-879-4
Depósito Legal: B-9.419-2022

Impreso en los talleres gráficos de Romanyà/Valls S. A.
Verdaguer, 1 - 08786 Capellades - Barcelona

Printed in Spain

I

EL INCIENSO
Y SUS MISTERIOS

«Y será sagrado para ti, para IHWH».

Éxodo (XXX-37)

La biblia y la tradición secreta de Israel nos presentan al incienso como algo sagrado, algo vinculado con lo sagrado, algo que vincula con lo sagrado. En el libro de los *Salmos* (CXLI-2), por ejemplo, se lo asocia con las oraciones. El Zohar (I-229 b y 230 a) comenta este versículo por boca de Rabbí Izquia:

«Abrió Rabbí Izquia y dijo: "Considera mi plegaria como un incienso ante Ti, mis manos elevadas como la ofrenda de la tarde" (*Salmos* CXLI-2). ¿Por qué la ofrenda de la tarde y no la plegaria de la mañana? ¿Por qué no está escrito considera mi plegaria de la mañana? Sino que así fue dicho: "Considera mi plegaria como un incienso ante Ti"», porque el incienso no es ofrecido sino por el júbilo, tal como está escrito: "El aceite y el incienso alegran el corazón" (*Proverbios* XXVII-9)».

Así como las plegarias se elevan hacia lo alto, también el humo del incienso asciende hasta el Eterno. Y hay aún más: algunos autores opinan que tanto las palabras de nuestras oraciones como el humo del incienso lo llevan hacia lo alto los mismísimos ángeles.

En este pequeño libro desearíamos centrarnos principalmente en estos dos temas: lo sagrado y el incienso como medio para acceder a lo sagrado. El propósito de las reflexiones y las citas que siguen es sencillamente intentar arrojar algo de luz en los fascinantes misterios del incienso apoyándonos en los cabalistas, notablemente en el Zohar. El hombre que vive en este bajo mundo, el *Olam haZe*, tiene dos maneras de elevar su alma: la oración y los sacrificios. El incienso pertenece a esta segunda posibilidad.

René Guénon escribía que:

> «Si hay un movimiento esencial, es el que ha hecho del hombre un ser vertical, de estabilidad voluntaria, un ser cuyos impulsos de ideal, cuyas plegarias, cuyos sentimientos más elevados y puros suben como incienso hacia los cielos».

Este «movimiento esencial» es la aspiración humana fundamental. El hombre está en la Tierra, pero se sabe del cielo. Su alma aspira a ascender, a elevarse a planos más sutiles y espirituales en su camino de retorno a su fuente.

II

EL SENTIDO
DEL OLFATO

Sostiene la cábala que cuando Adán y Eva pecaron en el paraíso, todos sus sentidos quedaron afectados por la mancha de su transgresión, excepto uno: el sentido del olfato. Probablemente el sentido profundo del incienso se resuma en esta idea: queda todavía en el hombre algo que aún es puro, a partir de lo cual puede volverse a conectar con su alma superior, con lo divino, con Dios. Quizá también por esta misma razón los cabalistas sostengan una idea tan curiosa como que el uso del incienso no está reservado a este mundo y que continuará también en el mundo futuro: no pertenece al cuerpo, sino al alma. Para realizar esta reconexión espiritual hace falta algo, una especie de cuerda o lazo espiritual que religue al hombre con su Creador. Éste es, por otra parte, el sentido más aceptado de la palabra «religión», volver a ligar, religar. El Talmud (*Jaguigah* 12 b) explica que «una cuerda de gracia» cuelga sobre aquellos que se levantan a medianoche para estudiar la *Torah*.

Como apuntaremos en estas reflexiones, basándonos sobre todo en una conocida frase del Zohar (III-11 a) que dice que:

«Ven y observa: las ofrendas pacíficas eran la paz entre todos (…), pero el incienso establece (sujeta) la cuerda de la fe».

Esta cuerda bien podría ser lo que se conoce como el incienso. También en el Zohar (*Parashat Vaiehí*), podemos leer que:

«...el incienso genera vínculos y se aferra a lo alto y a lo bajo, hace pasar la muerte, y la acusación, y el enojo, para que no puedan ejercer dominio en el mundo. Tal como está escrito: Moisés le dijo a Aarón: "Toma el brasero y coloca sobre él fuego de sobre el Altar, y coloca incienso, y ve deprisa hacia la asamblea y procúrales expiación, pues la furia ha salido de la presencia de El Eterno; ¡ha comenzado la plaga!"» (*Números* XVII-46)».

Sacralizar, hacer sagrado o realizar el sacrificio, siempre se trata de los mismo: unir «lo alto y lo bajo», el Cielo con la Tierra, los mundos superiores con los inferiores.

En hebreo 'cuerda' o 'cordel' se dice *Jabel* (חבל). El valor numérico de esta palabra es 40, como el de *Jalab* (חלב), 'leche'. Señalemos, a modo de curiosidad, que el bebé está 40 semanas en el vientre de su madre alimentándose a través de su cordón umbilical, *Jabel haTabur* (חבל הטבור) para pasar a ser alimentado más tarde por la leche, *Jalab* (חלב), de su madre.

III

KTORETH,
EL INCIENSO

Si hay un producto misterioso en la *Torah*, éste es el *Ktoreth* (קטרת), el incienso. La raíz de esta palabra aparece aparentemente por primera vez en el libro del *Éxodo* (XXX-34) que dice:

ועשית מזבח, מקטר קטרת; עצי שטים, תעשה אתו

«Y harás un altar para quemar en él incienso; de madera de acacia lo harás».

Curiosamente la guematria de *Etsi Shitim* (עצי שטים), «madera de acacia», es la misma que la de *Beit haShem haElohim* (בית יהוה האלהים), la Casa del Eterno Dios.

La raíz de *Ktoreth* (קטרת), *Qof* (ק), *Teth* (ט) y *Resh* (ר), significa «echar humo» pero también 'unir'. *Katar* (קטר) es 'incensar' y *Keter* (קטר) significa 'ligadura', 'atadura'.

Ha habido quien ha señalado la cercanía fonética de de *Ktoreth* con *Kether* (כתר), la primera sefirah del árbol sefirótico, aunque las raíces son manifiestamente distin-

tas. *Ktoreth* se escribe con *Kof* (ק) y *Kether* con *Kaf* (כ).
Con todo, al ser con *Kether* (כתר) la sefirah más elevada,
la que está situada en la cúspide del árbol sefirótico, no
deja de ser curiosa la asociación. La guematria de *Keter*
(קטר), la raíz de la cual procede la palabra *Ktoreth*
(קטרת), es 409 y coincide con la de *Kedushah* (קדשה),
«santidad».

La función del incienso es, como hemos visto, la de
santificar, eso es unir, reunir algo que anteriormente había
sido separado. *Katur* (קטור), de la misma raíz, significa
«conectado». Se trata del eterno misterio de la reunión del
cuerpo y del alma, del Cielo y de la Tierra. Dijimos que la
raíz *Qof* (ק), *Teth* (ט) y *Resh* (ר) aparecía por primera vez en
el libro del *Éxodo*, pero los sabios nos enseñan, como veremos más adelante, que este misterio ya estaba prefigurado
en el libro del *Génesis*, a propósito del patriarca Abraham.

El rabino Reuven Loichter explica que el incienso
simboliza el apego a lo trascendente. Es una entrega ca-

si total a algo que está más allá de nosotros mismos. Implica una profunda aceptación de que no tenemos el control de la situación, pero que forma parte del plan divino. Depende de nosotros aceptar el plan con la mayor honestidad posible.

IV

Dos veces al día

El incienso, según nos precisa *Éxodo* (XXX-7), tenía que ser ofrendado en el Templo dos veces al día; en esto coincide con la plegaria del *Shemá*, cuya función sería la de la unificación o reunión del Nombre de Dios, que también se pronuncia, al menos, dos veces al día. La cercanía entre el *Shemá* y el incienso la podemos ver en el Talmud. En el tratado talmúdico de *Tamid*, el capítulo quinto está dedicado al *Shemá* y el sexto al incienso. Cinco más seis es igual a once, como los componentes del incienso. Por otra parte, antes de la destrucción del Templo, los sacerdotes recitaban el *Shemá* inmediatamente después del sacrificio del incienso en una sala del Templo.

Los cabalistas nos han llamado la atención sobre una curiosa guematria, la de la expresión de *Har haMor* (הר המור), «el monte del incienso». ¿Qué tiene esto que ver con el *Shemá*? Sabemos que el *Shemá* acaba por la parabra *Ejad*, «uno», que a su vez acaba con la letra *Dalet*.

$$ה = 5$$
$$ר = 200$$

$$ה = 5$$
$$מ = 40$$
$$ו = 6$$
$$ר = 200$$
$$\overline{}$$
$$456$$

Nos enseñan los cabalistas que:

«La *Dalet* de *Ejad* es el monte al que todos se dirigen»[1]

Y respecto a esto los Sabios del Talmud establecieron en el tratado de *Jaguigah*:[2]

¿Sobre qué se sostiene el mundo? Sobre una columna cuyo nombre es «justo». Como está dicho. «Y el justo es el fundamento del mundo».

Si calculamos la guematria de *Tsadik Iesod Olam* (צדיק יסוד עולם), «el justo es el fundamento del mundo», obtenemos 430.

$$צדיק = 204$$
$$יסוד = 80$$
$$עולם = 146$$
$$\overline{}$$
$$430$$

---

1. En el *Shemá*, esta letra está escrita en un tamaño mayor que las otras y sobresale en el texto como una montaña sobresale en el valle.
2. Véase *Jaguigah* 12 b.

Si a este número le añadimos 26, la guematria de IHWH (יהוה), obtenemos de nuevo 456.

Sabemos que el incienso del que se habla en la *Torah* estaba compuesto por 11 especies, lo cual no deja de ser extraño dada la predilección del pueblo hebreo por el número 12. Una explicación que suelen dar los cabalistas es que el incienso estaba compuesto por 10 perfumes de agradable fragancia más uno de olor desagradable, el Gálbano. El número 10, que corresponde con la letra *Iod* (י), la inicial del Nombre de Dios IHWH, representa las fuerzas del bien, mientras que el Gálbano, *Jalbeneh*, de olor desagradable, representa al mal. Así, a través del incienso, estamos rectificando el mal en una proporción de 10 a 1.

Según el Talmud, el incienso se fabricaba con :

Count	Nombre	Peso
1	bálsamo)	70 maneh
2	uña olorosa	70 maneh
3	gálbano	70 maneh
4	olíbano	70 maneh
5	mirra	16 maneh
6	casia	16 maneh
7	nardo	16 maneh
8	azafrán	16 maneh
9	costo	12 maneh
10	corteza aromática	3 maneh
11	Canela	9 maneh
		368 maneh

El número 368, nos enseñan los cabalistas, es la guematria de la expresión *beShem IHWH* (בשם יהוה), «en el nombre del Eterno» y también de *Ruaj Elohim Jaim* (רוח אלהים חיים), «espíritu del Dios vivo» o de la de *Even Ikra* (אבן יקרה), «piedra preciosa».

Esta composición, que a primera vista puede parecer arbitraria o caprichosa, tiene un sentido secreto, profundo y desconocido por el común de los mortales.

Como veremos, el Talmud nos explica que le fue revelada a Moisés por el mismísimo ángel de la muerte. Por esta razón en *Éxodo* (XXX-37) se prohíbe cambiar la fórmula del incienso. De alguna manera el incienso o, lo que es lo mismo, la unión con el Eterno, es el antídoto de la muerte.

La palabra 'Gálbano' viene del hebreo *Jelbnah* (חלבנה), un curioso vocablo en el que encontramos incluida la palabra *Jalab* (חלב), 'leche'. Se cree que esta planta procede de Persia o de Siria y no se conocía en la India antigua. Antiguamente existía la expresión «dar gálbano a uno», que significaba engañarle con falsas promesas. De nuevo lo vemos asociado con algo negativo que recuerda a la serpiente que engañó a Eva.

Los cabalistas nos explican que cada una de las letras que componen la palabra *Ktoreth* (קטורת) evoca un misterio supremo. La letra *Kof* (ק), evoca la *Kedushah* (קדושה), la santidad.

La letra *Tet* (ט) evoca la *Tehorah* (טהורה), la pureza. La letra *Vav* (ו), que se halla en el centro de la palabra, ejerce la función de unir.

La letra Resh (ר) corresponde a *Rajamim* (רחמים), la misericordia.

Y, finalmente, la letra *Taf* (ת) evoca a *Tikvah* (תקוה), la esperanza.

En arameo (קטורת) significa «atadura» y para la mística judía el humo del incienso evoca el ansia del alma por acercarse al cielo y unirse al Creador.

Los ingredientes del incienso

El primer ingrediente que se menciona en la confección del *Ketoret* es el bálsamo. Rabbí Simeón ben Gamliel sostiene que se trata de la resina del árbol *styrax*, mientras que Maimónides piensa que es el bálsamo de Galaad, o el bálsamo de la Meca, que actualmente no se puede conseguir.

Para algunos autores se trataría de la resina líquida que a veces se encuentra en las gotas de mirra que se forman en el árbol, o del *storax*, que tiene un olor pegajoso y avainillado. El bálsamo, a veces llamado *tsori*, alude a la *Torah*, que es como un bálsamo para el ser.

El segundo ingrediente, la uña olorosa, podría tratarse en realidad del opérculo de un molusco endémico del Mar Rojo, cuya forma recuerda a la de una uña de león, según Abraham de Porta Leone. Sin embargo, esta teoría ha sido cuestionada por varios investigadores modernos, que sostienen que, dado que los moluscos eran *pasul*, «inaptos», «impuros», difícilmente podían haber sido utilizados en la confección del *Ketoret*. Lo más probable es que se trate del *labdanum*, ya que el término *shecheleth* (del hebreo *shahor* «negro» se traduce por *onycha*, ónice, una piedra preciosa negra, pero también por *labdana* en árabe. Por otra parte, la raíz de *shecheleth* significa «gotear» o «destilar», con lo que *shecheleth* se referiría a una cierta exudación.

El tercer ingrediente es el gálbano. Todos los comentaristas coinciden en que se trata del gálbano que conocemos, cuya principal característica es que desprende un olor desagradable cuando se quema, lo cual se ha asociado con los pecadores. Relacionando esto con la dimensión cósmica y esotérica de la *Ketoret*, el rabino Aryeh Kaplan ha sugerido que el gálbano significa simbólicamente la transformación del mal en bien a través de su elevación -o retorno- a su fuente original. Esto está relacionado con la idea de la *Teshuvah* como medio para «levantar» una maldición.

También el cuarto componente, el olíbano, es una resina que se obtiene cortando la corteza del árbol del incienso, ya sea de las ramas o del tronco. Después de esta incisión, la savia sale. El hecho de que entre en contacto directo con el aire hace que se coagule. La savia puede entonces recogerse a mano y destilarse. Conocido también como incienso macho, es un buen desinfectante antivírico.

El quinto componente, la mirra, coincide con la mirra que conocemos. Sin embargo, algunos piensan que la mirra es la raíz de los árboles de *commiphora*, mientras que Maimónides y otros sostienen, sorprendentemente, que se trata en realidad de almizcle.

En cuanto al sexto componente, la casia, se refiere verosímilmente a la casia que conocemos (*Cinnamomum cassia*), un árbol de la familia de la canela. Flavio

Josefo plantea la hipótesis, por lo demás plausible dada la rareza del ingrediente, de que se trata del iris.

En cuanto al nardo, el séptimo componente, aparece citado un montón de veces en la Biblia, notablemente en el *Cantar de los cantares* del rey Salomón y es el mismo que conocemos actualmente. En este inspirado libro (I-12) podemos leer:

עַד-שֶׁהַמֶּלֶךְ, בִּמְסִבּוֹ, נִרְדִּי, נָתַן רֵיחוֹ

«Mientras el rey estaba sentado en su diván, mi nardo proyectaba su fragancia…».

Los libros místicos explican que el nardo se refiere a la *Shekinah*, la Presencia divina. Los cabalistas explican que la guematria completa o *Shemi* de *Neshamah*, el alma es 542 y que este número también es la denominada guematria *Ayak Bakar* de *Nered*, «nardo». Esta guematria le otorgaría al nardo una virtud muy especial: la de compensar la influencia del ángel de la muerte, *Malaj haMavet* (מלאך המות), cuya guematria también es 542.

El azafrán, octavo componente, conocido también como «el oro rojo», se utiliza desde tiempos inmemoriales en forma de incienso para hacer limpiezas energéticas. También hay quien opina que protege del mal de ojo y de la envidia. En hebreo se llama *carcom*, lo que hace que a veces se confunda con la cúrcuma, y en el *Cantar de los cantares* (IV-14) aparece citado junto al nardo.

El noveno componente, la *Saussurea costus*, comúnmente conocida como «costo», es una planta originaria de Asia, que se utiliza desde hace mucho tiempo en la medicina tradicional china y en la medicina ayurvédica. Se cultiva y utiliza por sus propiedades en diversos campos terapéuticos, sobre todo en el tratamiento de las migrañas, la infertilidad o los trastornos gástricos. Se creía que esta planta servía para eliminar la mala suerte o luchar contra la brujería.

En cuanto a la corteza aromática, el décimo componente, muy probablemente se trate de la canela, aunque Maimónides habla de «madera india».

A estos ingredientes se añadía una hierba, *maaleh ashan* cuyo único propósito era hacer que el humo se elevara en una columna recta ante el Arca de la Alianza. Esta hierba, según el Talmud el secreto mejor guardado de los fabricantes de incienso, podría ser una hierba del desierto denominada *Leptadenia pyrotechnica*.

Aponyándose en *Pirkei Avoth* (V-1) que declara que el mundo fue creado con 10 alocuciones, los sabios explican que los 11 componentes del incienso señalan algo que está por encima de los límites del 10.

V

Unir lo que está separado

No deja de ser curiosa esta relación entre el incienso y la reunión o reunificación de lo que estaba separado: el hombre y la mujer, el cielo y la Tierra, los dos Nombres de Dios principales, IHWH y Elohim. Se trata sin duda del mismo simbolismo que el de las dos manos que se unen para orar. Los cabalistas relacionan a la mano izquierda con la sefirah *Gueburah* y con el patriarca Isaac, y a la derecha con la sefirah *Hessed* y con el patriarca Abraham. La mano derecha da, otorga, mientras que la mano izquierda recibe. Un ejemplo muy gráfico es que la mano derecha empuñaba la espada mientras que la mano izquierda sostenía el escudo. El Talmud (*Berajoth* 62 a) sostiene que el Eterno entregó la *Torah* a Moisés con su mano derecha. En otro tratado talmúdico (*Sotá* 47 a) podemos leer «Con una mano rechazas y con la otra acercas», la mano que rechaza es la izquierda y la que acerca la derecha.

Hessed es la derecha y *Gueburah* la izquierda. Ya veremos, cuando hablemos del sacrificio de Isaac, que los sabios lo interpretan como la unión de estas dos sefiroth.

Sabemos por el Talmud y por los textos místicos que la ofrenda del incienso procuraba la riqueza. Así, en el tratado de *Iomá* (26 a) aparece un pasaje que determina que «nadie realizará el sacrifico del incienso dos veces». La Guemará se pregunta: «¿Cuál es la razón?», y los sabios contestan explicando que «a ningún sacerdote se le debe asignar esta tarea más de una vez en su vida», «dado que traer el incienso era una bendición para la riqueza, se decidió que la mayor cantidad posible de sacerdotes debería tener la oportunidad de hacer este servicio». Los cabalistas nos recuerdan que la guematria reducida de *Ktoret* (קטרת), «incienso» es la misma que la de *Kesef* (כסף), «dinero»: 16.

Basándose en esta Guemará, los sabios afirman que, puesto que la persona que recita los pasajes que tratan de los sacrificios se considera como si los hubiera ofrecido realmente (*Meguilá* 31b), entonces, de la misma manera, cuando decimos el servicio del incienso es una oportunidad única para atraer la riqueza sobre nosotros.

De alguna manera, encontramos la misma enseñanza en la naturaleza: cuando el Cielo se une a la Tierra por medio de la lluvia, las cosechas son más abundantes. Por esta razón tanto la lluvia como el incienso se asocian con la bendición.

Hessed veGueburah, o sea «misericordia y fuerza» tiene una guematria de 294. Se trata de la misma que la de Melkitsedek (מלכי־צדק). Este rey es el primer sacerdote que se menciona en la *Torah*, y aparece a menudo representado portando un incensario en sus manos.

Estas dos sefiroth son probablemente las más utilizadas para describir las acciones de Dios en el mundo. Existe una vieja discusión a propósito de si *Hessed* es más fuerte que *Gueburah* o *Gueburah* es más fuerte que *Hessed*. Se suele zanjar diciendo que la mano derecha acostumbra a tener más fuerza que la izquierda. Los cabalistas opinan que el objetivo principal de las acciones de Dios es la bondad. Por lo tanto, tanto desde el punto de vista físico como del espiritual, *Hessed* es la más fuerte y dominante de las dos sefiroth.

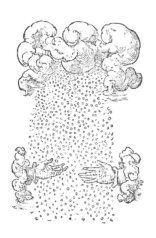

VI

El incienso
y la oración

Si con algo se puede comparar y ha sido comparado el poder del incienso, es con el de la oración. Hay incluso quien lo estima superior. Un pasaje del Zohar (II-218 b) considera que la lectura de los versículos de la *Torah* que hablan del incienso:

> «es algo precioso y apreciado por Dios, más que cualquier otro servicio o acto en este mundo, incluso más que la oración».

También en el Zohar (I-230 a) podemos leer como ya vimos:

Abrió Rabí Jizkia y dijo: «Considera mi plegaria como un incienso ante Ti, mis manos elevadas como la ofrenda de la tarde» (*Salmos* CXLI-2). Ahora bien: ¿por qué la ofrenda de la tarde y no la plegaria de la mañana? ¿Por qué no está escrito «considera mi plegaria de la mañana? Sino que así fue dicho: "Considera mi plegaria como un incienso ante Ti"».

Veremos al final de este trabajo la importancia que otorgan tanto el Zohar como los sabios cabalistas a la recitación del pasaje de la *Torah* que habla del incienso, pasaje que reproduciremos en una versión en hebreo antiguo.

Apoyándose en el *Salmo* CXLI-2 que dice «considera mi plegaria como un incienso ante Ti», los cabalistas siempre han hecho hincapié en la relación entre el *Ktoreth* (קטורת), con la plegaria. El Zohar (I-230 a), en la *parashah Vaiehí,* nos enseña:

> «…porque el incienso no es ofrecido sino por el júbilo, tal como está escrito: "El aceite y el incienso alegran el corazón" (*Proverbios* XXVII-9). Y por ello cuando el sacerdote encendía las velas sahumaba el incienso. Tal como está dicho: "Y cuando Aarón encienda las lámparas, a la tarde hará subir el humo (*Éxodo* XXX-8). Por la mañana sahumaba el incienso, por el júbilo, porque la hora provocaba la alegría; y por la tarde sahumaba el incienso para provocar júbilo el flanco izquierdo y así corresponde hacer. Y jamás se ofrecía el incienso sino por el júbilo…"»

En la *Parashah Vaiakel*, el Zohar (II-219 a) nos descubre sin embargo la diferencia entra la oración y el incienso, al que llama «aportador de luz», en referencia a la luz espiritual:

> «Ven y observa: ¿qué diferencia existe entre la plegaria y la composición del incienso? La plegaria fue estipulada en lugar de los sacrificios que los de Israel ofrecían en el Templo sagra-

do). Y todos esos sacrificios que los de Israel ofrecían no eran tan importantes como la obra del incienso. Además, ¿qué diferencia hay sino ésta?: la plegaria es una rectificación para rectificar lo que se necesita ser rectificado, pero el incienso hace más: rectifica y establece lazos y produce irradiación de luminosidad más que todo. Y éste es el medio que elimina la inmundicia (*Zuhama*) y cuando el Templo se purifica, todo irradia luminosidad y se purifica y se unen como uno».

Esta inmundicia, en hebreo *Zuhama* (זהמה), es el veneno que inoculó la serpiente en nuestros primeros padres, que lo afectó todo excepto el sentido del olfato. Por eso oler el incienso la elimina. Recordemos cómo con humor, sutileza y cabalístico conocimiento, Cervantes decía que don Quijote tenía el Sentido del olfato muy desarrollado. (Segunda parte, cap. 20). Probablemente está aludiendo al Talmud (*Sanhedrín* 93 b) que explica que el Mesías tiene el sentido del olfato tan desarrollado que puede juzgar por el olor. Cuando el rey Ben Cozba afirmó que era el Mesías, los sabios enviaron emisarios para ver si era capaz de emitir un juicio sólo a través del olfato. Cuando resultó que no podía, supieron que no era el Mesías. La elaboración de un juicio depende, a priori, de una comprensión profunda de una situación. ¿Qué tendrá que ver con el olfato? Los sabios del Talmud (*Berajoth* 36 b) se preguntan «¿Cuál es el sentido del que disfruta el alma y no el cuerpo?» Es el sentido del olfato. El sentido del olfato es un sentido espiritual, refinado y delicado, que actúa directamente sobre el alma y le proporciona placer y satisfacción.

Por otra parte, es sabido que cuando alguien se desmaya, intentamos reanimarlo estimulando el sentido del olfato. Acercando una sustancia de olor fuerte a la nariz de la persona se la puede despertar.

VII

DIEZ CONTRA UNO

Un libro místico denominado *Hessed leAbraham*, del rabino sefardí Abraham Azulai, contiene una curiosa explicación a propósito de los 11 componentes del incienso. Según su autor la presencia del Gálbano viene a enseñar que no hay que impedir al malvado orar junto con la congregación en la sinagoga.

Sabemos que el número mínimo de personas para que pueda haber *Minián, quorum,* para que la oración sea válida y se pueda leer la *Torah*, es exactamente 10. Si no se alcanza esta cantidad, la oración carece de la fuerza del *Minián*.

Si hay al menos 10 hombres buenos y un malvado rezando ocurre algo muy curioso. Cuando las oraciones de los 10 componentes del *Minián* se eleven hasta el cielo, serán analizadas y se compararán con la del hombre malvado, viéndose que son muy superiores a la suya. Esto le hará recapacitar y arrepentirse. Si no se encontrara una persona malvada junto con las 10 personas que están orando, no habría con quien comparar sus plegarias. Por otra parte, la oración del malvado se verá purificada por la presencia de las oraciones de los 10 componentes del *Minián*. De este modo el malvado se contagiará de la energía de los hombres justos y rectos y enderezará su camino para poder regresar a los senderos del bien.

Los sabios cabalistas han relacionado el *Minián*, o sea las diez personas reunidas para orar, con el árbol sefirótico que de algún modo abarca todos los mundos.

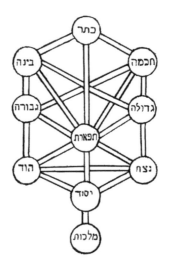

El Don siempre es algo *Shalem* (שלום), algo completo. Sin duda por ello Dios le da a Moisés 10 mandamientos e Isaac bendice a Jacob con 10 bendiciones. Además, 10 es la guematria de *Baagad* (באגד), «buena suerte».

Sin embargo, no hemos de olvidar la «otra cara» de este número, o sea su aspecto negativo: las diez plagas de Egipto o las 10 veces que Labán engañó a Jacob a propósito de su sueldo (*Génesis* XXXI-7).

Con todo, «Diez», en hebreo es *Eser* (עשר). La guematria de esta palabra es 570 y coincide con la de *Or haMashiaj* (אור המשיח), la Luz del Mesías.

VIII

LA QUE SUBE
DEL DESIERTO

Los cabalistas relacionan también el incienso con la idea de «anudar», basándose en la similitud entre *Ketoreth* y *Mitkatra,* «anudada». De hecho se trata de unir y dejar unido.

También lo asocian con la *Shekinah*, la Presencia Divina que acompañó al pueblo de Israel en su travesía del desierto.

Leemos en el *Cantar de los Cantares* (III-6):

«¿Quién es ésta que sube del desierto como columna de humo, sahumada de mirra y de incienso, y de todo polvo del vendedor de especias?»

«Ésta que sube del desierto» es, para el Zohar (I-176 b), la *Shekinah*, tal como está escrito en *Éxodo* (XIII-21):

ויהוה הלך לפניהם יומם בעמוד ענן, לנחתם הדרך, ולילה בע־
מוד אש, להאיר להם־ללכת, יומם ולילה

«IHWH iba delante de ellos, de día en una columna de
nube, para guiarlos por el camino, y de noche en una columna
de fuego, para darles luz, para que pudieran marchar de día
y de noche».

Para los sabios cabalistas la columna de «nube», en
hebreo *Anan* (ענן), era en realidad de humo, y relaciona-
ban este humo que los guiaba y protegía con el humo del
incienso. En el Zohar (I-176 b), Rabbí Iosi se pregunta:

«¿Por qué motivo era vista como humo? Debido al fuego de
la Geburah, que encendió Abraham en el momento del sacrificio de Itzjak, para que se aplacara gracias al Hessed que había
en él, y al que Itzjak se encontraba siempre aferrado, es decir,
a este fuego, y de la que no se apartaba porque es su esencia, y
cuando se aferró ese fuego de la Gueburah con ella, el Maljut,
entonces del Maljut se elevaba la nube, que es el misterio de la
Geburah que se encuentra en ella».

Y más adelante, el mismo rabino también se pregunta:

«¿Qué significa 'sahumada' –*mekuteret*–? Anudada –*mitkatra*– de otros dos flancos que son la nube de Abraham, a la
derecha, el cual también es asociado con la mirra, y la nube de
Itzjak a la izquierda, que está asociado con el incienso. "De todo polvo del vendedor de especias" se refiere a Jacob».

Hablando de las letras del secreto del nombre IHWH, el *Zohar sobre Cantar de los Cantares* dice:[3]

«brillaban, salían y centelleaban y cualquiera que contemplara este medallón veía letras que salían y su rostro se desplomaba a causa del temor por su señor y su corazón se quebraba frente al Santo, bendito sea.

»El incienso seguía el mismo patrón, cualquiera que respiraba este humo cuando la columna del grado del humo ascendía, su corazón era clarificado con limpieza y luminosidad, con alegría y agradecimiento, para servir a su señor, y el barro y la mugre de la mala inclinación se apartaban de él y no tenía sino un único corazón para su padre de los cielos.

»Porque ciertamente el incienso quiebra la mala inclinación por todas partes. Y del mismo modo que el medallón se sostenía por un milagro, lo mismo ocurría con el incienso, pues nada hay en el mundo que quiebre más la mala inclinación que el incienso».

Y los cabalistas nos enseñan que tomando las cuatro letras del nombre IHWH, y sumando $1 + 2 + 3 + 4$ obtenemos 10, como los diez componentes puros del incienso.

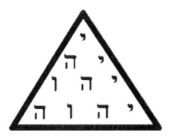

3. Véase *Zohar sobre Cantar de los Cantares*, Ediciones Obelisco, Rubí, 2021.

39

IX

El remedio contra la Mala Inclinación y la hechicería

El incienso, como la mano, tiene una doble función. Aparte de la de unir, lo cual sería su función de la derecha, también tiene la de ahuyentar, lo cual sería su función de la izquierda. Sabemos que ya en la antigüedad se utilizaba para repeler a los insectos: la *Mishnah* nos enseña en el tratado de *Avoth* (V-5) que en las cercanías del Templo no había moscas.

La mosca es un conocido símbolo del ángel de la muerte y del diablo. El Talmud (*Berajoth* 61a) dice que «el instinto del mal es como una mosca y reside entre las dos aperturas del corazón». El incienso no sólo tiene el poder de ahuyentar las moscas y el ángel de la Muerte, sino que permitiría superar a la mismísima muerte.

«Mosca» en hebreo es *Zebub*, y de esta palabra deriva uno de los nombres del diablo *Belzebú*.

El Talmud (*Shabbat* 89 a) nos enseña que cada uno de los ángeles le descubrió a Moisés un secreto. El mismísimo ángel de la muerte le explicó el misterio del incienso, revelándole que éste tiene incluso el poder de anular un decreto de muerte. En el tratado de *Keritoth* (6 a) se enseña que el incienso contenía 368 medidas, un número que los sabios han asociado 365 días del año solar una medida por día, y las otras tres serían las que el Sumo Sacerdote traería al *Sancta Sanctorum* como doble ración en el Día del Perdón, *Iom Kippur*. Curiosamente 368 es la guematria o el valor numérico de la expresión *BeShem IHWH* (בשם יהוה), «en el Nombre de Dios». Incensar a una persona es afirmar que lleva una chispa de divinidad. La función del incienso es despertarla, así como el olor fuerte despierta a aquel que se ha desmayado.

Los sabios cabalistas también han destacado el extraordinario poder del incienso para combatir la hechicería y el mal de ojo. Su eficacia para combatir el «Otro Lado» está fuera de toda duda. Así, el Zohar (II-218 b) nos enseña:

«Pues el incienso ciertamente quiebra al mal instinto en todos los lados. Y así como el *tzitz* se mantenía por milagro, también sucedía con el incienso. Pues no hay cosa mejor en el mundo para romper al Otro Lado –*Sitra Ajra*– como el incienso. Ven y observa lo que está escrito: «toma el brasero y coloca sobre él fuego de encima del Altar, y coloca incienso (*Números* XVII-11). ¿Por qué razón le ordenó traer. Pues la furia ha salido de la presencia de El Eterno; ¡ha comenzado la plaga!». Pues no hay cosa más útil para romper a ese Otro Lado –*Sitra Ajra*– fuera del incienso. Pues no hay cosa apreciada ante El Santo, Bendito Sea, como el incienso. Y el incienso está preparado para anular brujerías y erradicar lo malo de una casa. El aroma y el humo del incienso que hacen las personas también sirve para anular brujerías. Y si con esa acción se anulan las fuerzas del Otro Lado –*Sitra Ajra*–, con más razón con el incienso».

También en el Zohar leemos que cuando el «Otro Lado» veía el humo de incienso ascendiendo, «estaba sometido y huía, y era completamente incapaz de acercarse al Tabernáculo».

Podemos preguntarnos por qué el incienso nos permite ahuyentar el mal e incluso superar la muerte. Opinan los cabalistas que este poder le viene de que cada uno de sus componentes corresponde a una de las sefiroth y que la pulverización de estos corresponde a la pulverización de las sefiroth originales.

Según los cabalistas, así como El Eterno creó los Mundos de Creación, Formación y Acción, para que sirvieran de base para la realización del Bien y la Santidad, de igual modo creó el lado opuesto, es decir, los encargados del Mal, el *Sitra Ajra*, en aramco, el Otro Lado. El conjunto de estas criaturas encargadas del Mal en el mundo se denomina las «fuerzas del Otro Lado». El Mal, tal como es entendido por los cabalistas, es sólo un medio para lograr y generar finalmente el máximo Bien, objetivo último de la creación del mundo.

En otras tradiciones místicas se ha dicho que el Mal es la corteza del Bien, o que «no hay mal que por bien no venga».

X

EL INCIENSO DEL DIABLO

A pesar de la prohibición bíblica, el incienso no siempre se ha usado para fines sagrados. Ha habido, y hay, quien lo usa para el mal. O al menos lo intenta.

Sabemos por los sabios cabalistas que el malvado Bilaam fabricaba una especie de incienso para atraer las fuerzas del mal. El Zohar (I-125 b y 126 a) es muy claro al respecto:

Rabí Itzjak y Rabí Iosei estaban andando desde Tiberiades hacia Lod. Rabí Itzjak dijo: ¡Estoy asombrado de ese malvado Bilaam ya que todos los actos de ese malvado provinieron del lado de la impureza! Y aquí aprendí un misterio: que todos los tipos de brujería —nejashaia— del mundo, todos están vinculados y surgen de esa Serpiente primordial —Najash—, que es el espíritu de impureza que envenena. Y por ello todos los brujos del mundo son denominados debido a esto: serpientes —nejashim—, y todos emanan de este lado. Y el que es atraído por esto, he aquí que se impurifica. Más aún: debe impurificarse para atraer hacia sí ese lado del espíritu de impureza. Porque he aquí que hemos aprendido: así como se despierta una persona así atrae desde lo Alto. Si uno se despierta del lado de la santidad, atrae hacia él santidad de lo Alto y es santificado. Y si uno se despierta del lado de la impureza, de igual modo atrae hacia sí un espíritu de impureza y es impurificado. Porque he aquí que ya fue dicho sobre lo que aprendimos: si viene una persona a impurificarse, lo impurifican. Debido a esto ese malvado de Bilaam, para atraer hacia sí al espíritu de impureza de esa serpiente suprema se impurificaba cada noche con su burra, y mantenía con ella relaciones íntimas, para impurificarse y atraer sobre sí al espíritu impuro, y entonces hacía sus brujerías y sus actos. Y al comienzo de sus actos tomaba una serpiente, de estas serpientes, y la ataba delante de él y le arrancaba (126a) la cabeza y le extraía la lengua, y tomaba las hierbas conocidas y quemaba todo, y hacía de esto un incienso. Después tomaba la cabeza de esa serpiente, y la cortaba en cuatro partes, y hacía de esto otro incienso. Y hacía un círculo, y decía unas palabras y hacía otros actos, hasta que atraía sobre él espíritus impuros, quienes le comunicaban lo que necesitaba, y hacía con ellos sus actos, de acuerdo con lo que ellos sabían a partir del lado de esa serpiente del firmamento».

En la actualidad diversas sectas de magia y brujería modernas, como la Wicca, siguen utilizando incienso en sus prácticas, pero éste no tiene nada o casi nada que ver con el incienso que se quemaba en el Templo. Por esta razón su eficacia, para bien o para mal, es discutible. El secreto del incienso se ha perdido y si, por casualidad, alguien todavía lo recuerda, no forma parte de estos movimientos. La palabra «incienso» se ha convertido en un genérico. De hecho «incienso» viene de *incendere*, «encender». Cualquier producto que arda, que se pueda encender, podría considerarse «incienso», pero no es el incienso del que habla la *Torah*.

XI

ABRAHAM ABRAHAM

Uno de los pasajes más misteriosos de toda la *Torah*, incomprensible para el sentido común, pero cargado de sentido transcendente es el famoso «sacrificio» de Isaac. Hay que destacar, sin embargo, que el texto hebreo no habla en ningún momento de «sacrificio», sino de *Akedah* (עקדה), literalmente «atadura». La raíz *Kof* (ק) *Daleth* (ד) indica «unión».

Los rabinos de la época de los Gueonim, establecieron que el relato del sacrificio de Isaac ha de ser recitado diariamente, después de las bendiciones matutinas y antes de recitar las *korbanoth*. ¿Por qué es tan importante este pasaje bíblico? ¿Cuál es la relación entre Isaac y el incienso?

Leemos en el Zohar (I-120 b) que cuando Abraham fue a sacrificar a su hijo Isaac, Dios lo llamó por su nombre, repitiéndolo:

«"¡Abraham! ¡Abraham!", Rabbí Jía dijo para despertarlo con otro espíritu, con otro acto, con otro corazón. (...) Rabbí Iehuda dijo: Isaac fue refinado y ascendió favorablemente ante el Santo, Bendito Sea, como el incienso fragante que los sacerdotes ofrecían ante Él dos veces al día».

Los comentaristas clásicos nos explican que dos veces se refiere una vez a *Hessed* y otra vez a *Gueburah*.

Una curiosidad numerológica entre Abraham (אברהם) y la *Akedah* (עקדה), es que la guematria del nombre del patriarca es 248 y la de *Akedah* (עקדה), 179. El doble de Abraham (אברהם) nos da 496, o sea la guematria de *Maljuth* (מלכות), el reino, la última sefirah, y el doble de 179 nos da 358, la guematria de *Mashiaj* (משיח), «Mesías».

El Midrash nos relata con todo lujo de detalles la vida de Abraham: le vemos destrozando los ídolos que vendía su padre, resistiendo a la tiranía de Nimrod, salvándose milagrosamente del horno de fuego al que fue arrojado a instancias de Nimrod, e incluso luchando y predicando por su fe. Abraham es el símbolo por excelencia de la hospitalidad, y cuando en los textos sagrados se alude a la hospitalidad se está haciendo referencia a la hospitalidad para con la *Shekinah*, la Presencia divina, que ya vimos correspondía al incienso.

El famoso pasaje de Génesis (XII-1) conocido con Lej Lejá (לך לך) en el que Dios le ordena a Abraham que se vaya «hacia sí mismo» puede ser interpretado como una invitación a la elevación espiritual. Los cabalistas lo han relacionado con el incienso asociándolo con Cantar de loa cantares (IV-6) donde aparece una expresión muy cercana: Elej Li (אלך לי),«iré para mí». ¿Adónde? El texto dice «Iré para mí al monte de la mirra y al collado del incienso».

XII

NADAB Y ABIHU

Aarón tuvo cuatro hijos: Nadab, Abihu, Eleazar e Itamar destinados a seguir su función de Sumo Sacerdote. No todos fueron fieles y la línea de sumos sacerdotes fue finalmente continuada sólo por Eleazar. Se especificó que Aarón, «sumo sacerdote de entre los hombres», debía ofrecer ofrendas por el pecado, «tanto por sí mismo como por el pueblo».

Nadab y Abihu son mencionados en dos ocasiones en la *Torah*. Estos dos hermanos tuvieron el privilegio de acompañar a Moisés y a Aarón a la montaña y ver al Dios de Israel: «y bajo sus pies como una obra de zafiro claro, y como el cielo mismo en pureza» (*Éxodo* XXIV-9). Habían recibido, como los otros dos hijos de Aarón, instrucciones precisas que debían respetar antes de su investidura como sacerdotes: «No saldréis de la puerta de la Tienda del Encuentro durante siete días» (...)

«para que no muráis; porque así me ha sido ordenado»,
les dijo Moisés (*Levítico* VIII-35).

Leemos en *Levítico* (IX-1):

ויהי, ביום השמיני, קרא משה, לאהרן ולבניו-ולזקני, ישראל

«Y fue (*Vaiehí*) al octavo día, Moisés convocó a Aarón y a
sus hijos, y a los ancianos de Israel».

Comentando estos versículos, el Midrash a *Levítico*
(XXI-7) nos enseña que cada vez que en la *Torah* aparece la palabra *Vaiehí* (ויהי), «y fue», se está anunciando un
acontecimiento fatídico o negativo. En varias ocasiones
Rashi nos dirá exactamente lo mismo. Sigamos más
adelante, hasta el versículo primero del capítulo siguiente, donde podemos leer:

ויקחו בני-אהרן נדב ואביהוא איש מחתתו, ויתנו בהן אש,
וישימו עליה, קטרת; ויקריבו לפני יהוה, אש זרה-אשר לא
צוה, אתם

«Cada uno de los hijos de Aarón, Nadab y Abihu, tomó su
brasero, le puso fuego y colocó encima incienso; y trajeron
ante el Eterno un fuego extraño que Él no les había ordenado.

Este texto presenta, en hebreo, una rareza que ha llamado la atención de los cabalistas. Observemos de en-
trada que «incienso», *Ktoreth* (קטרת) está escrito sin la
letra *Vav* (ו), lo cual según los comentaristas señala siem-

pre una carencia, una desunión, ya que la *Vav* es la letra copulativa que sirve para unir las palabras. Lo que al principio se perfilaba como un día de alegría se convirtió así en un día de duelo. Los comentarios tradicionales, basados en el Midrash, nos explican que Nadab y Abihu habían sido irrespetuosos con su padre y con su tío. Habrían dicho que «cuando mueran esos dos viejos», o sea Moisés y Aarón, «ocuparemos su lugar».

Sin embargo, Rashi nos va a ofrecer un comentario acaso más preciso de este episodio:

ר' אליעזר אומר: לא מתו בני אהרן אלא על ידי שהורו הלכה
בפני משה רבן

> Rabbí Eliezer dijo: los hijos de Aarón murieron solamente porque emitieron un dictamen halájico en presencia de su maestro Moisés.

Por otra parte, si somos fieles al texto de la *Torah*, únicamente podemos deducir que fueron fulminados porque «trajeron un fuego extraño». La expresión de fuego extraño (אש זרה) merece que nos detengamos en ella. El Zohar (III-63 b), en la *parashah Ajarei Mot*, nos enseña:

> «Y el Eterno habló a Moisés después de la muerte de los dos hijos de Aarón».[4] Dijo: este versículo parece superfluo dado

---

4. *Levítico* (XVI-1).

que el texto continúa: «y el Eterno dijo a Moisés, habla a Aarón tu hermano», que habría de ser propiamente el comienzo de la sección. La explicación es ésta. Cuando Dios dio el incienso a Aarón, deseó que ningún otro hombre lo usara mientras él viviera. Le dijo: «tú deseas incrementar la paz en el mundo. Por tu mano la paz será acrecentada arriba. Por eso el incienso de especias será entregado a tu mano de hoy en adelante, y durante tu vida nadie más lo usará».

De lo que se puede deducir que el objetivo del incienso es lograr la paz (Aarón siempre se relaciona con la paz), o sea la unión de los contrarios. Esta unión está encarnada por el matrimonio, o sea la unión del hombre y de la mujer. Por eso, en la tradición judía alguien no casado está considerado «defectuoso»: le falta la letra *Vav* (ו), la letra de la unión, cuya forma recuerda el humo del incienso que asciende.

Otra de las explicaciones del episodio de Nadab y Abihu se apoya en que no estaban casados. Así, en Zohar (III-5 b) en la *Parashah Vaikrá* podemos leer que:

«… cuando Nadab y Abihu tomaron el incienso, la Matronita se regocijó al verlo y se preparó para encontrarse con el Rey. Pero cuando el Rey vio que eran defectuosos, no quiso ser llevado por ellos ante ella, y se apartó. Cuando la Matronita vio que el Rey se apartaba por ellos, inmediatamente «salió un fuego del Señor y los consumió». Todo esto a causa de que un hombre no casado es defectuoso y la santidad del Rey se aparta de él, pues no se posa sobre el hombre defectuoso».

La palabra que la *Torah* utiliza para decir «fuego» es *Esh* (אש) y su guematria *atbash* es 709, o sea la misma que la de *Ktoret* (קטרת), «incienso». Los cabalistas han hecho hincapié en el poder liberador del incienso asociando esta palabra al dicho talmúdico que afirma que «no hay destino para Israel» (אין מזל לישראל), expresión cuya guematria también es 709.

XIII

LOS MISTERIOS
DE LA LETRA *VAV*.

La letra *Vav* (ו) es una de las más importantes y misteriosas del alfabeto hebreo. Es una de las letras que conforman el nombre de Dios IHWH, conocido como el Tetragrama, literalmente «nombre de cuatro letras». Su valor numérico es 6 y los sabios la relacionan con los 6 órdenes de la *Mishnah*. Esta idea también aparece en la *Hagadah de Pesaj*.

En el tema que nos ocupa, la *Vav* (ו) desempeña un importante papel ya que *Ktoreth* (קטרת), se puede escribir con o sin *Vav* (ו). La guematria o valor numérico de *Ktoreth* (קטורת) escrito con *Vav* (ו) es 715, y la de *Ktoreth Ktoreth* (קטרת) escrito sin *Vav* (ו), 709.

Leemos en el Zohar (I-70 a) que:

«Noe ofreció una ofrenda ígnea».

E inmediatamente después:

«Noé construyó un altar al Eterno».

57

Comentando *Génesis* VIII-20, el Zohar nos descubre que hay aquí una aparente contradicción: ¿cómo se puede ofrecer una ofrenda ígnea antes de construir el altar? El Zohar nos precisa que el texto dice exactamente «Y ofreció ofrendas ígneas» señalando que «ofrendas», en hebreo *Oloth* (עולות), está escrito en este caso sin las letras *Vav* (ו), lo cual nos indica que se trató de una sola ofrenda, por lo que está escrito en *Levítico* (I-17) «es una ofrenda ígnea, de aroma agradable para el Eterno». El texto hebreo es el siguiente:

ויעל עלת

Los cabalistas descubren en estas dos palabras un misterio oculto: se trata de la *Torah*. Del mismo modo que se hace una ofrenda ígnea antes de construir el altar, nos encontramos aquí con una alusión a la *Torah* antes de que esta fuera entregada a Moisés, lo cual nos enseña, como dice el Talmud (*Pesajim* 6 b) que «no hay antes y después en la *Torah*».

$$\begin{array}{r} \text{ויעל} = 116 \\ \underline{\text{עלת} = 500} \\ 616 \end{array}$$

Se trata de la guematria de *haTorah* (התורה):

$$ה = 5$$
$$ת = 400$$
$$ו = 6$$
$$ר = 200$$
$$ה = 5$$
$$\overline{}$$
$$616$$

Y los sabios también lo relacionan con *Deuteronomio* (XXXIII-10), «Pondrán incienso en tu nariz». El aroma es agradable, dice el Zohar «porque apacigua la cólera y se logra la tranquilidad».

XIV

El incienso
y el alma

El incienso guarda una relación estrecha y misteriosa con el alma humana. En su libro *Sefer haJinuj*, el rabino Aarón haLeví nos enseña que la finalidad del incienso es «llenar de gozo y alegría el alma». Un gran cabalista contemporáneo de Isaac Luria, rabbí Moisés ben Makhir escribió en su libro *Seder haIom* que:

> «…aquel que tenga cuidado de su alma será muy cuidadoso con lo que voy a revelar: escribirá los versículos del *Ketoret* en un pergamino *kosher*, en letras hebreas, y lo leerá una vez por la mañana y otra por la tarde con gran concentración. Garantizo los resultados».

Cuando calculamos la guematria reducida de *Nefesh* (נפש), «alma», vemos que es 16. Cuando hacemos lo mismo con *Ktoret* (קטרת), descubrimos que es el mismo número.

Leemos en *Génesis* (XXV-1) que:

ויסף אברהם ויקח אשה, ושמה קטורה.

«Abraham volvió a tomar mujer, y su nombre era Keturah».

Los sabios cabalistas nos enseñan que Keturah se refiere a la *Neshamah*, el alma superior. El Zohar explica que a través de las buenas acciones y del estudio de la *Torah*, el hombre puede obtener este alma superior. El nombre de Keturah, proviene de la raíz *Qof* (ק), *Teth* (ט) y *Resh* (ר).

Los sabios nos explican que:

«Abraham se desvió hacia el camino de la casa de su padre (en alusión a los cultos idólatras). Luego retornó en *Teshuvah* (regresó a la respuesta verdadera) y se aferró a las buenas acciones. Y por lo tanto, su nombre fue cambiado por *Keturah* (de la raíz del *Ketoret*, el incienso sagrado cuyo aroma es la más alta ofrenda que se eleva al Creador), porque se aferró a las buenas acciones (que equivalen al incienso sagrado).

Ya vimos que *Katur* (קטור) significaba «conectado». Los cabalistas nos enseñan que «el pecado es la desconexión». La función del incienso consiste, pues, en reconectar lo que estaba desconectado. La meta final y el sentido profundo del incienso es lograr la unión del hombre consigo mismo, *Lejá* (לך), y con la divinidad.

El incienso es *Kodesh* (קדש) «sagrado» según podemos leer en *Éxodo* (XXX-37):

קדש תהיה לך, ליהוה
«Sagrado será para ti, para IHWH».

De esto aprendemos que *Lejá* (לך) puede asociarse con IHWH (יהוה), y que tanto IHWH (יהוה) como *Lejá* (לך) son dos palabras que se refieren a algo *Kodesh* (קדש), a algo sagrado.

Dado que la guematria de *Lejá* (לך) es 50, este versículo también puede ser leído como «50 será para ti, para IHWH», por lo que se puede relacionar con la cuenta del Omer, que suma 50 días. Este número también representa al hombre que ha recibido la bendición, o sea *Adam* (אדם) al que se le ha añadido una letra *He* (ה) y se ha convertido en *haAdam* (האדם), «el hombre», expresión cuya guematria es 50.

El tema del incienso en los Tikkunei Hazohar

Los *Tikkunei haZohar*, que podríamos traducir como «los arreglos del Zohar» o «las rectificaciones del Zohar», es un texto que se presenta como un apéndice al Zohar compuesto por 70 comentarios de la palabra *Bereshit* (בראשית), la primera palabra de la *Torah*. «mucho de estos coemntarios no son nuevos ni originales y ya aparecían el Zohar.

Otros sí son *Jiddusim*, novedosos. El estilo de los *Tikkunei haZohar*, en un arameo tardío, es el de un midrash, pero se nota que no fueron compuestos por la misma mano que el Zohar. La primera edición impresa conocida de los *Tikkunei haZohar* se hizo en Mantua en la segunda mitad del siglo XVI, concretamente en el año 1558. Sólo con esto vemos que no se trata de un texto contemporáneo del Zohar, sino bastante posterior.

En este libro aparecen varias alusiones al *Ktoret* (קטרת), el incienso. No vamos a reproducirlas todas, sino únicamente a presentar algunos extractos. Apoyándose probablemente en el *Pardes Rimonim* de Moisés Cordovero (1548), los *Tikkunei* nos explican que cuando ardían los sacrificios un primer humo impuro se elevaba por la izquierda, y este humo iba a Samael (סמאל), el ángel cegador. Estaba considerado como un mal humo. Después se elevaba el humo del incienso. Los *Tikkunei* dicen lo siguiente:

«Es el conjunto de la *Torah*, (Klala dOraita), su nudo (קטרא) formado por los preceptos positivos de amor y los preceptos negativos de temor que acercan y atan a la derecha con la izquierda».

Y más adelante se pregunta:

«¿Cuál es el incienso de este humo? La Shekinah».

Como es bien sabido, la Shekinah es la presencia divina. La guematria reducida de Shekinah (שכינה) es 16, como la de *Ktoret* ((קטרת)). Los innumerables comentarios cabalísticos de «¿Quién es ésta que sube del desierto, recostada sobre su amado?» (*Cantar de los cantares* VIII-5) nos dicen que se trata de la Shekinah (שכינה) y del *Ktoret* (קטרת). A propósito de ella leíamos también (*Cantar de los cantares* V-5) «y mis manos gotearon mirra, y mis dedos mirra que corría sobre las aldabas del candado».

A propósito de Samael, también podemos leer en los *Tikkunei* lo siguiente:

«¿Quién es el enemigo? El enemigo es Samael (סמאל), pues todas las demás deidades extrañas van detrás de él (…) Allí se encuentra Shabtai, el veneno mortal (סם המות)».

Vemos que las dos primeras letras de Samael (סמאל) son precisamente *Sam* (סם), o sea «veneno». El nombre de este demonio procede de la raíz *Sema* (סמא), «cegar» y podemos relacionarlo con el orgullo, que ciega el corazón. La guematria de Samael (סמאל) es 131, por lo que los sabios nos enseñan que la humildad es el antídoto del orgullo y de Samael (סמאל).

La guematria de *Anavah* (ענוה), «humildad» es 131:

$$ע = 70$$
$$נ = 50$$
$$ו = 6$$
$$ה = 5$$
$$\overline{}$$
$$131$$

$$ס = 70$$
$$מ = 50$$
$$א = 6$$
$$ל = 5$$
$$\overline{}$$
$$131$$

Esta cualidad está representada en la *Torah* por Moisés, que era el más humilde de los hombres y por lo tanto el más apto para recibir el don de la *Torah*. Ya vimos que en *Éxodo* (XXX-34) Dios le decía a Moisés:

«Tómate aromas, estacte y uña olorosa y gálbano aromático e incienso limpio; en igual peso serán».

El texto hebreo es así:

קַח-לְךָ סַמִּים, נָטָף וּשְׁחֵלֶת וְחֶלְבְּנָה, סַמִּים, וּלְבֹנָה זַכָּה: בַּד בְּבַד, יִהְיֶה

Vemos que la palabra *Samim* (סמים), derivada de *Sam* (סם), aparece dos veces. Se trata de dos aromas, uno corresponde a los preceptos positivos y otro a los preceptos negativos, que están unidos, «anudados» en el incienso.

A propósito de las últimas palabras *Bad Bedad Iehieh* (בַּד בְּבַד, יִהְיֶה), «en igual peso serán», Rashi nos explica que serán «al igual que el peso de uno» y que el peso será de 70 manés.

Los cabalistas nos explican que Esaú tuvo 11 hijos, como los componentes del *Ktoret* (קטרת), y que se asocia con la letra *Ayin* (ע), la inicial de su nombre, cuyo valor numérico es 70 y que aparece más grande que las demás letras en *Salmos* (LXXX-14), indicándonos que Esaú era un orgulloso. La letra *Ayin* (ע) se considera la letra de la multiplicidad, en contraposición a la letra *Alef* (א), la letra de la unidad.

XV

El incienso
y Iom Kippur

En *Iom Kippur*, más conocido como «el día del perdón», además de la ofrenda diaria del *Ketoret*, el Sumo Sacerdote entraba en el Santo de los Santos con una sartén de carbones ardiendo en la mano derecha y una pala llena de *Ketoret* en la izquierda. Recogía el incienso en su mano, lo colocaba sobre las brasas y esperaba a que la habitación se llenara del aroma del incienso, para luego retroceder rápidamente. Este momento marcó el clímax del servicio de *Iom Kippur* en el Templo.

Iom Kippur es un día en el que «las fuerzas del mal no pueden acusar». De ahí la santidad de este día que lo eleva por encima de todos los demás. Según el *Sefer haJinu*j, si Dios no hubiese establecido este día, los pecados se irían acumulando año tras año.

Los cabalistas nos enseñan que la guematria de *haSatan*, el acusador, es 364 porque puede ejercer esta función durante 364 días al año, pero no en *Iom Kippur*. Por esta razón, si el incienso era ofrecido por el Sumo

Sacerdote en *Iom Kippur* en el *Sancta Sanctorum*, su función última no podía limitarse a la sublimación del mal, como sostienen muchos.

Maimónides, aparentemente muy literalista pero cuyos escritos no carecen de profundidad, escribe que la función del *Ketoret* era expulsar los malos olores que pudieran invadir el Templo Sagrado. Escribe el sabio cordobés: «Como en este lugar sagrado se sacrificaban muchos animales cada día, se descuartizaban y se quemaban, y se limpiaban sus intestinos, el olor allí debía parecerse al de un matadero... Por eso el Eterno ordenó que el *ketoret* se quemara allí dos veces al día, cada mañana y cada tarde, para dar una agradable fragancia al lugar y a las ropas de los que servían allí». Sin embargo, Rabeinu Bejaie decía: «Dios no permita que el gran principio y misterio del *ketoret* se reduzca a este propósito terrenal».

Los sacrificios de animales ofrecidos en el Templo representan para los sabios la ofrenda del «alma animal» del hombre al Eterno: la sumisión de sus instintos y deseos naturales a la voluntad divina. Cuando una persona trae su «alma animal» al Templo del Eterno y ofrece lo mejor y de sí mismo en el altar, todavía queda el «mal olor», que representa al egoísmo, la brutalidad y la materialidad del animal en el hombre. Por esta razón se quemaba el *Ketoret*, que tiene la capacidad única de sublimar el mal olor del alma animal dentro de su fragancia divina. El alma animal corresponde al Gálbano y los diez componentes de buen olor a las diez sefiroth y a el

Eterno. Ya hemos visto que sumando 1 + 2 + 3 + 4, por las cuatro letras del sagrado Nombre, obtenemos 10.

La otra gran característica de *Iom Kippur* es la *Teshuvah*, palabra que se suele traducir como «arrepentimiento», «conversión», pero que literalmente significa «dar la vuelta». En la vida de cada día, la *Teshuvah* como «arrepentimiento» es una respuesta a las malas acciones, a nuestros errores. Los cabalistas decían que era «una medicina para las enfermedades del alma». Pero la *Teshuvah* es también la cualidad dominante de *Iom Kippur*, el día más sagrado del año.

Está claro que la *Teshuvah* es algo más que la rectificación del mal que hayamos podido cometer. Es un darse la vuelta dejando atrás lo profano para orientarse hacia lo sagrado. La *Teshuvah* es el retorno a la perfección intrínseca del alma. La esencia del alma humana, que es «una chispa de la Divinidad», está más allá de toda corrupción. El ser más profundo del hombre no está involucrado en sus pecados; está preservado del enredo del ser superficial en las dimensiones materiales y terrenales de la existencia. La *Teshuvah* es el regreso al yo verdadero. Esto explica cómo la *Teshuvah* conduce a la expiación de las faltas pasadas. Permite al pecador reconectarse con su bondad interior, con aquella parte de sí mismo que nunca pecó, que está más allá del pecado.

De este modo, la *Teshuvah* tiene un poder sanador sobre el pasado. Lo mismo ocurre con el perdón. Por esta razón, por absurdo que pueda parecernos, la *Teshuvah* y el perdón de *Iom Kippur* no estaban limitados a los pecadores, la hacían justos y pecadores, ya que todos necesitamos reconectarnos con nuestra parte pura, con nuestra «chispa de Divinidad».

Como escribía el Rebbe de Lubavitch, «Cuando adoptamos el enfoque interno de la *Teshuvah* en todo lo que hacemos, no dejamos un pasado imperfecto al margen de nuestras vidas. Cuando estamos en estado de *Teshuvah* y aprendemos algo nuevo, revelamos una dimensión más profunda de nuestro ser que siempre fue consciente de esta verdad; cuando refinamos una nueva faceta de nuestra personalidad, sacamos a la luz la perfección eterna de nuestra alma. Nunca satisfecha por la mera progresión, la búsqueda de nuestro verdadero ser también reconstruye el pasado».

La ofrenda del *Ketoret* era el servicio más prestigioso y sagrado del Templo. Sostienen los cabalistas que el incienso es algo que cualquiera puede ofrecer, ya que corresponde al alma. Una persona la ofrece para contactar con el Eterno, la fuerza superior del amor y la entrega sin reservas, y para comprobar si está conectada con Él. Es la entrega sin reservas. Tal atributo dentro de nosotros puede entrar en contacto con el Eterno, pero al mismo tiempo tenemos que renunciar a todas las demandas y requisitos egoístas y concentrarnos totalmente en lo que se llama incienso.

Si reflexionamos en él, veremos que una vez preparado el incienso representa un estado en el que no queda nada de las plantas secas, a excepción del olor. Significa que la persona se ha autoanulado y toda su alma se eleva al Eterno.

APÉNDICE

Un amuleto para la riqueza

El célebre rabino Jaim Palatchi escribió en su libro *Kaf haJaim* que la simple lectura del texto hebreo que aparece en la *Torah* a propósito del incienso es como un verdadero amuleto para la riqueza y el éxito en todos los aspectos de la vida.

Nos enseñan los sabios que un día estaba caminando Rabbí Pinjás cuando se topó con el profeta Elías. Le pidió que le enseñara algo provechoso para los hombres. El profeta le contestó que sí se reunían en las sinagogas y las casas de estudio y recitaban con exaltación el pasaje de la *Torah* que habla del incienso, cesarían las epidemias.

En las *Seguloth Israel* (C-26) aprendemos que si alguien empobreciera bruscamente, ha de esforzarse en leer lentamente todos los días el pasaje de la *Torah* que habla del incienso, pronunciando con cuidado todas las palabras y estando atento a su sentido. Le será muy útil para que su destino se enderece.

El *Meam Loez* cita un relato tomado del *Midrash ha-Neelam*, el «Midrash oculto» que reproducimos.

En cierta ocasión Rabbí Aja llegó a un pueblo que había sido devastado por una plaga que había durado 7 días. Los habitantes del pueblo se le acercaron y le contaron sus problemas. La plaga se intensificaba, y ellos no sabían qué hacer. Rabbí Aja les dijo: «Vayamos a la sinagoga y oremos para que se detenga». Pero a medida que se acercaban venía más gente diciendo que habían nuevas víctimas. Rabbí Aja les dijo «Puesto que la calamidad es tan grave y el tiempo apremia, no iremos a la sinagoga. Traedme cuarenta personas temerosas de Dios y que se dividan en grupos de diez, cada uno de ellos debe ir en una dirección y recitar tres veces *Pitum haKtoret*». Luego deben agregar:

«Y dijo Moisés a Aarón: toma el incensario, y pon en él fuego del altar, y sobre él pon incienso, y ve presto a la congregación, y reconcílialos; porque el furor ha salido de delante de la faz del Eterno; la mortandad ha comenzado» (*Éxodo* XVI- 46).

Hasta llegar a:

«Y se puso entre los muertos y los vivos, y la mortandad cesó» (*Éxodo* XVI-48).

Lo hicieron, y la plaga se detuvo. Todos aquellos que habían sido afectados fueron curados. Un eco celestial se oyó en los cielos interpelando a los espíritus dañinos, «¡no hagáis más daño en este pueblo pues el atributo de la justicia ya no tiene ningún poder sobre ellos!»
Sigue el Meam Loez:

Rabbí Aja cayó entonces extenuado y se durmió. Soñó que se le decía: ahora que has eliminado la plaga del pueblo, has de traerlos en *Teshuvah*, porque uno o se puede sostener sin el otro y la plaga fue decretada a causa de sus muchos pecados. Cuando despertó lo explicó a todo el pueblo, que se arrepintió, y cambiaron el nombre del pueblo por Mahsiya, que significa «ciudad de la compasión».

El *Meam Loez* (*Ki Tissa* 30) dice:

«El *Pitum haKetoret* debe leerse en un *Siddur*. Esta lectura es como quemar incienso en el Templo. Si se recita de memoria, se corre el riesgo de omitir uno de los ingredientes, lo que equivaldría a quemar incienso incompleto, una falta castigada con la muerte. Por la misma razón, es bueno contar las once fragancias con los dedos mientras se lee para no omitir ninguna».

Y también en el *Meam Loez* (*Vaikrá* 1):

«Cuando una persona dice las secciones que describen los sacrificios, su aliento se considera el fuego que el Sumo Sacerdote colocó en el altar para quemar la ofrenda. Este aliento asciende al Altísimo y se une al Fuego Sobrenatural, similar al que descendió del cielo para unirse al fuego que el Sumo Sacerdote colocó en el altar».

Pero sin duda es en el Zohar (II- 218 b y 219 a) donde más se recomienda la oración del incienso:

Ven y observa lo que está escrito: «toma el brasero y coloca sobre él fuego de encima del Altar, y coloca incienso» (*Núme-*

ros XVII-11). ¿Por qué razón le ordenó traer incienso? «Pues la furia ha salido de la presencia de El Eterno; ¡ha comenzado la plaga!». Pues no hay cosa para romper a ese Otro Lado fuera del incienso. Pues no hay cosa apreciada ante El Santo, Bendito Sea, como el incienso para anular brujerías y lo malo de una casa. El aroma y el humo del incienso que hacen las personas con esa acción se anulan, con más razón con el incienso.

Este asunto es un pacto que está ante El Santo, Bendito Sea, pues todo el que observa y lee todos los días la composición del incienso, se salva de todo lo malo, y de las brujerías de mundo, y de todas las malas afecciones, y de los malos pensamientos, y del mal juicio, y de la mortandad. Y no es dañado durante todo ese día pues el Otro Lado no puede ejercer dominio sobre él, y debe concentrarse en ello.

Rabbí Shimon dijo: si las personas supieran cuán importante es la composición del incienso ante El Santo, Bendito Sea, tomarían cada palabra y palabra de él y la pondrían por corona sobre sus cabezas, como una corona de oro. Y quien se esfuerza en él, debe observar en la composición del incienso. Y si se concentra en ello todos los días tiene parte en este mundo y en el Mundo Venidero, y se aparta la mortandad de él y del mundo y se salva de todos los juicios en este mundo, de los malos lados, y del juicio del Infierno, y del juicio del reino del Otro Lado. Ese incienso cuando ascendía el humo en la columna, el sacerdote veía las letras del secreto del Nombre (219a) sagrado, las cuales volaban por el aire y ascendían Arriba en esa columna. Después veía numerosos carruajes sagrados que lo rodeaban por todos lados hasta que ascendía con irradiación de luminosidad y alegría. Y allí alegraban a quien alegraban y establecía enlaces Arriba y abajo para unir a todos. Y esto ya ha sido establecido. Y este incienso expía por la Mala Inclinación y por la idolatría, que es el Otro Lado.

Y dado que el Otro Lado era sometido no podía ejercer dominio y no podía acusar. Y por eso se llama *Mizveaj*: porque cuando ese Otro Lado, veía esa columna de humo del incienso que ascendía, se sometía y huía, y no podía acercarse al Templo en absoluto.

LA SECCIÓN
DEL INCIENSO

34 וַיֹּאמֶר יְהוָה אֶל־מֹשֶׁה קַח־לְךָ סַמִּים נָטָף וּשְׁחֵלֶת
וְחֶלְבְּנָה סַמִּים וּלְבֹנָה זַכָּה בַּד בְּבַד יִהְיֶה: וְעָשִׂיתָ לֹה
אֹתָהּ קְטֹרֶת רֹקַח מַעֲשֵׂה רוֹקֵחַ מְמֻלָּח טָהוֹר קֹדֶשׁ:
36 וְשָׁחַקְתָּ מִמֶּנָּה הָדֵק וְנָתַתָּה מִמֶּנָּה לִפְנֵי הָעֵדֻת בְּאֹהֶל
מוֹעֵד אֲשֶׁר אִוָּעֵד לְךָ שָׁמָּה קֹדֶשׁ קָדָשִׁים תִּהְיֶה לָכֶם:
37 וְהַקְּטֹרֶת אֲשֶׁר תַּעֲשֶׂה בְּמַתְכֻּנְתָּהּ לֹא תַעֲשׂוּ לָכֶם
38 קֹדֶשׁ תִּהְיֶה לְךָ לַיהוָה: אִישׁ אֲשֶׁר־יַעֲשֶׂה כָמוֹהָ
א וַיְדַבֵּר יְהוָה ס : לְהָרִיחַ בָּהּ וְנִכְרַת מֵעַמָּיו:

Y dixo .A. à Mofeh, toma à ti efpecias, 34
Goma, y Uña, y Galbano; Efpecias, y Encienço limpio: pefo por pefo, ferá. Y harás à él fahumerio, con- 35
ficion obra de conficionador: rebuelto limpio fantidad.
Y molerás della defmenuzando, y darás della delante 36
el Teftimonio, en tienda del plazo, que feré aplazado
à ti alli: fantidad de fantidades, ferá à vòs. Y el fa- 37
humerio que harás; como fu compoficion, no hagays à
vòs: fantidad ferá à ti à .A.. Varon que hiziére co- 38
mo él, para olér con él: y ferá tajado de fus pueblos.

INDICE